AF599979

OBJETOS CON VIDA
CUERPOS OLVIDADOS

Paulino Santos

Aliar ediciones

Corrección: Eladia Guerrero
Diseño de cubierta y fotografías: Paulino Santos
Maquetación: Aliar Ediciones

Depósito Legal: GR 1052-2025
ISBN: 979-13-87823-62-7

Impreso en España

Edita
ALIAR Ediciones
www.aliarediciones.es
info@aliarediciones.es

OBJETOS CON VIDA
CUERPOS OLVIDADOS

Paulino Santos

CAMINOS DESENCAMINADOS

EL VUELO DEL INSECTO

(Camino al trabajo)

Solo veo la trama,
un patrón de pasos sin rumbo
que tejen huidas y encuentros
entre vías férreas,
formando islas.

Latigazos yermos en la piel de Arizona,
donde yace la historia
junto a latas de cerveza y
colchones menstruales embarrados.

El río sometido
no puede lamer orillas.
Entre escombreras escariadas
reinventa sumiso cauce.

Quién diría que aquello
fuera asentamiento carpetano
y repliegue republicano.
El dorado,
un fino velo de sordidez.

Algunas sombras horadadas
esquivarán el repliegue del sol,
ocultando la mirada temerosa
de aquellos que repudian
nuestros pasos.

A un lado y a otro,
rodadas cruzan el atardecer
como senderos descaminados,
persiguiendo
el humo del escape.

Ni el ruido de los moteros
consigue desensimismarme.
Fijado el pensamiento,
determinado el objetivo.

ZONA RESERVADA

INVOLUCIÓN

(Desde el puesto fronterizo)

Todavía suenan campanas en la calle Atocha
distanciados por el estado de alarma.
Los católicos aúllan el miedo
a las puertas de la parroquia de Santa Cruz.
Principio y fin, como uno mismo
en ambos casos, el vértigo se pronuncia.

Duermen tres indigentes
en las puertas del Ministerio,
las palomas rastrean
la plaza con paso inquieto.
Solo los temerarios,
los bendecidos por la inconsciencia
siguen la inercia de los que anduvieron antes,
sin ofrecer resistencia.

Las videocámaras Domo
miran en permanente fijación recelosa.
Los monitores van escupiendo la realidad:
24 horas de emisión anodina,
a un lugar al que no pertenezco.

La brisa ventila el calor de la noche
esquivando el hedor del urinario público.
Miro y observo:
el alcohol calienta navajas,
y las bocas se chocan buscando sexo.

Dijeron que aquí ganaría dinero.
Retadme si os parece.
Aquí estoy,
sintiendo el placer del estratega,
poniéndome la coraza del cínico.
Ya intuiríais ese pensamiento.

TODO SUCEDE AL MISMO TIEMPO

INJUSTICIA

(Puerta de acceso principal)

Tiempo dilatado en días, en años.
Escalofríos siento al recordarlo;
sus palabras se fijaron en mi mente
como la mantequilla rancia al paladar.

—Señora magistrada,
¡no confíe en nadie!...
Pero cuando pueda
deme una oportunidad.
Rescáteme de este aburrido sitio.
Lléveme al mar o al supermercado,
donde paseen las familias felices.

Nadie compra su futuro.
Cuánta vida puede abarcar
un metro cuadrado.
Tetrabriks de vino ácido,
junto a los fardos se exponen en el alcorque
del fracasado árbol de Júpiter
repleto de cigarros consumidos.

Junto a una raída balanza anudada,
el cartón de súplicas rezuma decepción.

EL SILENCIO HACE MUCHO RUIDO

DENTRO

(Centro de Control)

Como antenas retráctiles
reaparezco eréctil,
impúdicamente,
hasta rozar su dedo.
Súbitamente me escondo
bajo una coraza en espiral.

Sentirás mañana,
cuando me vaya,
lo mismo que sentiste al verme venir,
cuando mirabas atravesado,
con sonrisa bobalicona
cruzando palabras intoxicadas.

TERRITORIO PRIVADO
WATER
H2O

CLEPTÓMANA

(Hall de acceso)

Avanza la viceconsejera
con mirada altiva,
bordeando la entrada del metro.
Hacen honores a su paso:
el borracho, el mendigo, la loca...

Es la reina callejera:
«La Gran Sisadora».

AVISO
TAQUILLAS DE USO EXCLUSIVO DE LA HEMEROTECA
ADAPTADO PARA INTERPRETAR

ARCHIVOS

(Despacho 002)

Frases muertas
en papeles amarillos
duermen ajenas a las
frases vivas de la calle.

Un concierto exclusivo de palabras,
apenas perceptible.

EPISODIOS DE ACTIVIDADES RECURRENTES
druni.es

CAMBIANDO LA PIEL

(Vestuarios)

Empezaré quitándome el abrigo,
la camisa y la ropa interior.

Me depilaré.

Es hora de mudar la piel,
sacar el corazón en llamas
y meterlo en el congelador.

YA NADA ES LO MISMO

LA LLAMADA DEL SEDUCTOR

(Aseos planta baja)

Te saltó en la cara y en el corazón
... cuero y lubricante.

Dime que me quieres, pero ahora no.

Dejaste la sonrisa clavada en la puerta
olvidando la húmeda lengua en mi piel...

Aún mis pies recuerdan tus pasos.

HACIÉNDONOS CREER LO QUE ÉRAMOS

ACTOS EXTRAÑOS

(Ronda)

Recorro espacios vacíos,
pasillos prolongados,
apagando luces y
encendiendo sombras.

Encadenados reflejos
se vierten en estancias
segmentadas y
puertas clausuradas.

Paseo, observo y compruebo
planta por planta,
despacho tras despacho,
saliendo y entrando.

Impasse, en estado de alerta,
los espacios deshabitados
permanecen inalterables,
sumando horas.

Entidades personalizadas
se entregan sumisas,
interactuando,
renegando de esa pátina de ausencia.

Agua contenida en cisternas,
documentos desparramados en la mesa,
plantas que se retroalimentan
de pantallas en stand-by.
Fotos que miran,
ropa sobre sillas.
Objetos.

Todos pendientes, ávidos,
deseosos de ser tocados,
de ser manipulados...

Soy el vigilante de seguridad,
espectro que vaga como si tal cosa,
mientras Ausencia habla de ti.

ONES PARA LOGRAR ALGO APROXIMADO

AUSENCIA

(Despacho 021)

Si te hablo y no contesto, no te asustes.
La distancia es mera abstracción;
no tengas dudas de mi existencia.

Me quedo en este espacio oculto,
libre de cargas y ausencias.

PUEDE SER ÚTIL TOCAR SUAVEMENTE

LA DISTANCIA
(Despacho 025)

Las intenciones son mínimas.
Me animo a seguir la voluntad
de modo solapado,
sin detenerme a reflexionar.

Mientras, azar
interactúa con el objeto,
cumpliendo su función.

NATURALEZA VERDE POLVORIENTA

CONSUMIDA

(Despacho 107)

Soy compradora compulsiva,
las ofertas no se me dieron mal.
Pero es lo que tienen los saldos:
                    —dudar de la veracidad—.

¡Qué poca clase!
Me desharé de todo
y volveré a empezar.

Recogeré un perro en la calle
—eso sí, lo vestiré del Primark—.
Ocuparé una casa, que decoraré
con desechos del contenedor.
Usaré ropa de la beneficencia.
Daré la nacionalidad a algún emigrante
y comeré de tu mano,
si me lo permites.

¡Qué poca clase!
Me desharé de todo y
volveré a empezar.

... Iré a trabajar
y pagaré mis facturas.
Leeré la prensa diaria,
seguiré a algún *youtuber*
y les diré a todos
—muy a mi pesar—
que sigo viva.

FUERZA DE EMOCIONES MITIGADA

MÁS QUE AMIGAS

(Despacho 209)

Igual que hermanas
cuando éramos pequeñas:
riendo, cantando, corriendo.

Deshice nuestras manos
sin decirte «te quiero».
Sacrifiqué mi amor
por no escupir mi veneno.
Riendo, cantando,
muriendo por dentro.

Viví alejada,
disuelta en mi dolor
hasta fluir sin cuerpo,
para dejar de ser dos.
Riendo, cantando,
y un solo principio.

REGRESASTE CON LA MIRADA CLAVADA EN AUSENCIA

EN LA VIDA JAMÁS TE DIRÁN

(Despacho 211)

Comenzamos a amarnos
tras unas miradas furtivas,
envueltos
por el sonido del bajo.

La casa de nuestros sueños
no tenía límites.
Tirábamos flores
sobre el salón,
aquellas que crecían salvajes.
Y soñábamos
tocando el cielo.

La codicia te hizo amigo del dinero.
Tengo regalos buenos,
la nevera llena, incluso
un par de marcas en la cara.

Ahora nunca me dirás
que la comida esta fría
ni la cama sin hacer.

Dejé de esconder la botella
bajo la ropa sucia.
Volví a soñar,
pisando el cielo
como inspiración.

LA RAZÓN DEL TIEMPO QUE FUE

LA SIMIENTE DE LA SERPIENTE

(Despacho 112)

Ven,
te enseñaré el secreto de mis pasos
el diablo puso pólvora en mis zapatos
y un anillo de símbolo invertido
en el pulgar.

Disfruta de tus días tranquilos.
A partir de ahora
no podrás regresar.

Tomaremos los caminos perdidos
susurrando esa canción.
Nunca nadie
volverá a saber de nosotros.

ENCUENTROS RELACIONADOS

INCERTIDUMBRE

(Despacho 114)

La casa de los escombros
conserva las marcas de nuestras vidas.
Aún hoy podría rehacerla.

Pero no es estable
cimentar sobre recuerdos.

ABANDONADOS A SU SUERTE

DESCUIDO

(Despacho 116)

Subiré a lo más alto
y tiraré todos sus recuerdos,
... incluido yo.

DEFINIENDO UNA ESTRATEGIA ADECUADA

DESIDIA HABLA CON CONTEMPLACIÓN

(Despacho 119)

La belleza del caos
emerge del delicado tacto
sobre burbujas irisadas
flotando en el agua
sucia del fregadero.

Del polvo en los muebles,
haciéndose lienzo velado
al creativo roce.

Embelesada desgana
depositada en tela de araña,
en geometría estelar
de gotas de grasa,
en indolentes pelusas
bajo la cama.

No esperaré a que regreses.
Me pondré los guantes.

... Nunca entenderás la sutileza del arte:

—DESIDIA

(Contemplation)

La beauté du chaos
émerge de la touche délicate
sur des bulles irisées
flottant dans l'eau de vaisselle.

DECIONES QUE NO LLEVAN A NADA

AMOR EN AGONÍA

(Despacho 202)

He marcado tus objetos
con la marca del deseo,
poniendo mis labios en ellos,
pronunciado tu nombre
hasta perder el concepto.

Nada ni nadie.
Solo atisbos,
que más parecen delirios
a esta súplica diaria.

MEMORIAS ARBITRARIAS

JAQUECA
(Despacho 220)

Cráneo que golpea
una... y otra...
contra la pared.

Daño que mitiga dolor.

LA FUERZA DE LAS ENOCIONES

DECEPCIÓN

(Despacho 221)

En la nevera guardo
un par de latas,
un par de vasos...

Todo a pares,
menos un fracaso.

Veo pasar el coche negro.

Al día siguiente despierto,
recuperando la insensatez.

Nunca regresas por el camino de vuelta.

ESPÉRAME EN UN LUGAR DISTINTO

MÁQUINA EXPENDEDORA
(Despacho 223)

Voces en la radio,
música enlatada.
El niño gestualiza
una idea subyacente:
juega a disparar un arma.
Ella aún no sabe nada.
... La caja registradora
hizo sonar la campana.

Todos los billetes de euro,
los que caben en una mano,
muestran salpicaduras rojas.

Mimetismo asociado.
... La caja registradora
hizo sonar la campana.

DANDO PASOS AL REDEDOR DEL ABISMO

INTROSPECCIÓN

(Despacho 224)

Desciendo por los últimos tonos de la noche.
Repartidores de prensa apuestan
sus furgones sobre las aceras.
Escarcha brilla en los cristales
y los charcos crujen como ramas secas.

El único beso que di
fue cuando su frente estaba fría.

Ahora los días tristes
se mezclaron con los demás,
y la canción para Bob
escapa hiriente
por el salpicadero del coche.

Suspiro en mi cuenta personal:
otro día que recuerda a otro.

Sé lo que soy
al filo del cuchillo.

DURANTE EL TIEMPO IMPRESCINDIBLE

TIMIDEZ SORTEANDO MIRADAS

(Sala de Juntas)

Pasará desapercibido,
sin hacerse notar,
asomándose por detrás
con voluntad asfixiada.

Ante la oportunidad:
nada.

Recoger cartones
es más seguro
que cualquier promesa.

DESDE LO MÁS ESPIRITUAL Y SOBRIO

ISLA

(Despacho 308)

La isla no tenía palmeras

ni vegetación
tampoco animales
siquiera piedras.

Por no tener
no tenía agua que la rodeara
ni nadie que la quisiera.

A GOLPE DE LUZ Y SOMBRAS

DESDE LAS RUINAS

(Despacho 311)

Los gatos vinieron a verme.
Esparcí por el suelo
trozos de recuerdos desecados.
Se relamen
como suelo hacer yo.

Miro el patio empedrado
con brillos ajedrezados,
que dejan escapar
briznas frescas entre sus juntas.

Una bandada de jilgueros
arremolinados en el guindo
picotea los frutos,
algunos caen en su alborotado regocijo,
las marcas encarnadas
son el pronóstico.

Sobre los rosales al sol
tiendes uniformes,
esos que lucen insignias violentas,
a los que yo les doy mi perdón,
pero no la pena.
Evidencia distópica al borde del mal.
Suspicacias, temores, miedos...
Quizás podríamos empezar
a cuestionar la utilidad de lo inútil.

Expectativas cumplidas,
las aves descongeladas
siguen en la nevera,
negando el punto de partida.
Los informativos hablan de la barbarie.
Los gatos se relamen.

SEÑALES DE HABERTE QERIDO

ELABORANDO IDEAS RECURRENTES

DEL OTRO LADO

(Despacho 315)

Los caballos miran ciegos la hierba.
Se filtra la luz sobre una balada.

El reflejo del cristal
proyecta la evidencia de lo que es:
ciervos en el salón, flores
y una mesa de alabastro.

Desde algún lugar continúa la música.
Mis pasos, aún ágiles,
siguen arrastrando la culpa
alrededor de ti,
siguiendo la melodía
sin alcanzarte,
manteniendo a distancia la sombra.

LA SOMBRA PARTIDA

ENROCADO

(Despacho 319)

Los cuervos se aparean en el tejado
mientras invierno se mete en los huesos.
Probablemente, no hablarás con desconocidos.

¿Por qué no vienes a verme?
Estoy con mi mejor corbata
y el deseo no hace más
que rebotar en mi cabeza.

Aguantaré.
Seguiré en el puesto fronterizo,
jugaré con la reina blanca al gato y al ratón
repitiendo la escena antes de entrar en jaque.

Es la hora del cierre,
iré a dormir,
a disfrutar de mi compañía.

CONTEMPLACIÓN Y LUNES

SÍMBOLOS

(Despacho 323)

El otro día hablaban de Jon en la prensa,
nada bueno. Pero me acordé de ti.

Aquí, las palomas de la paz son tiñosas;
pierden patas y picos por cuatro migajas.

Por perder, perdieron hasta el sentido común:
arremeten bobaliconas contra las víctimas.

Decidido estoy a dar el paso a la contradicción,
complaceré a todos, incluso a los cínicos.

LOS IMPROPIOS

EL PRIMERO

(Punto de fichaje)

Volvía a casa con los labios azules.
Podíamos hacer muchas cosas
sin apenas arriesgar nada.

Me convertí en cazador:
—El gran seductor—
apostado en la línea de salida.
Hordas de ratas
asomaban por todas partes.

El primer amor,
ahora el último de otro,
fue olvidado en un *parking* de Aluche.

EN FUGA

LUZ DE GAS

(Despacho 325)

Clausuro esta estancia a perpetuidad:
me hace sentir el vértigo de la luz del día.
Lo comprendo: soy débil.

He vivido al lado del hombre oscuro,
ocultando deseos
en prohibidas seducciones.

Solo al servicio de arrebatos y decepciones.
Lo sé:
jugar con la confusión no ayuda...

Aun así, la puerta seguirá cerrada.

Me voy.
Ya vendrán los que vengan.
Quizás me encontréis con Dorothy,
al final del camino amarillo.

CUANDO SE CREA EL EQUILIBRIO PERFECTO

TODO LLEGA

(Despacho 401)

Hicimos cena fría,
como nuestro amor.
A las ocho te quise,
a y cuarto te odié.

Me senté a tu lado a
respirar como tú
y ver televisión.

Ya me advirtieron los chavales
que los hombres de culo inquieto
no siempre follan en casa.

Hoy es jueves.
Saldrá con la banda esta noche,
para volver a bailar;
el fin de semana queda lejos.

Pujaré hasta quedarme sola,
para obtener la bendición de los soñadores
y la satisfacción de los ingenuos.

Este es el rostro de la persona que cierra el colegio Purísima Concepción de 370 años de historia, dejando sin trabajo a los profesores y empleados...
RECTIFIQUE SU DESICIÓN
Fernando Ramírez
de Haro y Valdés
XVI Conde de Bornos
DURANTE EL TIEMPO IMPRESCINDIBLE

DESCANSO ESTIVAL

(Despacho 406)

Una flor crece en tu cabeza.
Los pies asoman entre la arena.
No hay nada más frío
que estar enterrado
a orillas del mar.

INFLUENCIAS CONSTANTES
FONTECELTA

IDA

(Despacho 407)

Con la cabeza perdida
sin reparar en costumbres,
dirías que es divertida,
si no fuera por los hechos.

Cualquier propósito puede anular
descabezadas fantasías...

Hoy, realidad sumida en tristeza.
Hoy, grotesco pájaro burlón.

ESTRATEGIA ADECUADA

PUDOR

(Despacho 412)

Otros lo hacen
ajenos a miradas dilatadas,
expuestos a voluntad.
Desnudando
su arrogancia en público.

Necedad se impone a inteligencia.

LOS SONIDOS ESTÁN, PERO NADIE ESCUCHA

OSCILANDO POR LA AUTOESTIMA

(Despacho 413)

Soy el administrador de dudas.
Desplegad todas vuestras preguntas,
divagaré por todas ellas.

¿Incertidumbre?
¿Inseguridad?
¿Indecisión?
...

Respuesta:
Indiferencia.

LO QUE INTENTAMOS OLVIDAR

PROPÓSITO

(Despacho 415)

Camina en la sombra,
dejándose fulminar por la mirada.
Puedes hablar de cualquiera:
será él quien reciba el nombre.

La marca desatiende sus fines.
Nadie quiere dejar de ser.
Olvidaste el nombre de tus padres y
el día de tu nacimiento.

Dices que hablaste con ellos.
Ninguna novedad, pero
emerges ausente entre cartones:
algo malo nació dentro.

Vanidad ilusoria:
esa es la lección que nos obsesiona.
Rézame todas las noches
y haz de mi nombre un mantra.

Quiero sanar
la melancolía de tus labios bobos,
la ensoñación del gesto inclinado,
la dejadez de la desidia amontonada.

DÍAS DIFÍCILES PARA ACARICIAR FLORES Y PECES

DE ROJO PASIÓN

(Despacho 418)

Ay, María.
Que se nos vino abajo
como tulipán marchito
en jarrón de oficina.

Un rayito de sol
le puse en los labios,
y le regalé una sortija.

Que sí, que sí:
pachucha estaba María,
con uñas como puñales de feria
y lengua muy retorcida.

—¡Vamos a dar una vuelta!
Pasearemos el barrio,
calle abajo calle arriba.

Que esos días...
esos días que tiene María
son para estar cerca,
con las orejas agachaditas.

ENCONADOS

(Despacho 423)

La serenidad de mi rostro
te alertó del peligro.
Anduviste al borde del abismo
falto de precaución ante el riesgo.
Débil de espíritu.

Dirás que no...
pero te vi en su perfil
fingiendo emociones.
El desapego era total.

—¿Qué imagen vas a dar
de coherencia?
—¿No llamaron tu atención
experiencias pasadas?

La vida no se come fácilmente:
tiene hueso y piel amarga.

ACERCA DE QUIENES SOMOS

ESTADO DE REFLEXIÓN

(Punto de encuentro)

Abriendo y cerrando puertas.
Lo oculto y lo ocultado:
tras ellas empieza todo.

Lo más denso es capaz de moverse,
y lo que verán mis ojos
no es lo que tú miraste.

Absolutamente es más fuerte,
más puro, más intenso,
incluso el dolor moral o la tristeza.

El rostro del paisaje cambia
cuando se enfrenta al abandono.
Ningún pensamiento es satisfactorio:
depende del instante.

Y el estado anímico diluye o aviva,
transformando matices.

AQUELLAS COSAS QUE CONSIDERAMOS MUERTAS

DESTRUCTOR

(Despacho 425)

He nacido del consumo
en manos de la ignorancia.
Tengo violencia genética,
aptitudes asesinas, mente destructiva.
He sido fagocitado y renacido.

Ni recuerdo cuándo vendí mi suerte:
el caos vive en mí.
Soy el hijo de Caín;
nadie me rezará...
y aún tengo ganas de bailar un vals.

POSIBILIDADES ANODINAS

DESPERTAR

(Almacén)

El llanto de los niños robados en el tejado
anuncia el celo de los enamorados.
Los durmientes persiguen fantasías oníricas
y, a lo lejos,
el chocar de cacharros en el fregadero
inicia el devenir rutinario.

Los gatos retoman su automatismo,
dejando siluetas al filo del púrpura.

¿TARJETAS NUEVAS
ENTREGADAS
UN ASPECTO COMO DE VERDAD

LAURELES MOJADOS

(Torreón)

Bebo el néctar de las uvas podridas.
Soy el sucio borracho de la ciudad.
Aquel que rehúyes e ignoras,
dándole tu misericordia
para vino barato.

Hace tiempo que ardí en los infiernos.

No te asustes, te voy a indultar.
Tienes conciencia de estúpido
y no ves más allá de tu desdicha.

Soluciona tus problemas
como hacen los demás:
encerrándote en el cuarto de baño
enfrentándote al espejo.

Hay reglas establecidas.
Toma posesión de tu cuerpo.
... Bien te masturbas,
o si prefieres,
deja una nota de recuerdo.

Yo pronto olvidaré
que un día te di un buen consejo.

SUGESTIÓN O QUIZÁS POSIBLE SUGERENCIA

ENCERAR

(La cubierta)

Una palabra cae del techo,
crea otro significado fragmentado
tan poderoso como la vida misma.

Palabra aleatoria de siete letras:

R.E.N.A.C.E.R.

SALIDA DE INTROSPECCIÓN

ÚLTIMO PEL-DAÑO

(Barrera de seguridad)

Veo la distancia en penumbra.
Nuestra casa arde en el horizonte
entre luces artificiales y sombras dilatadas.
El cuerno fúnebre suena en la azotea.

Se iluminan las primeras estancias
picoteando el alba.
Sofás y pantallas digitales se dejan ver
como ajuar de tumbas o santuarios.

Desde aquí puedo percibir o imaginar
confortables existencias en parcelas urbanas:
seres invisibles, sombras clandestinas,
protegido por muros capsulados.

Código fuente para rescatar
materiales manufacturados.
Es momento de cumplir condena
y elevar el canto de los gigantes dormidos:
un lamento que anuncia la muerte.

El hombre delgado cruza la calle
envuelto en una embolia paranoica.
Las ciclópeas losas urbanas
talladas por pasos errantes
visibilizan su rastro.

El día mira su muñeca
como el que mira la hora.
De ella nacen caudalosos ríos
que inundan la ciudad de sustancias tóxicas.

Un proceso dañino, misterioso y secreto
nos impide coincidir.

Es el rostro creciente de la crisis.
Da muertos por envenenamiento
en el mercado de segunda mano.
Y seguimos exportando basura.

Criminales por dinero,
manipuladores de residuos
bailan bajo la lluvia dorada del gran patrón.
Podría escupirles.

Y aquí estoy, en la línea del horizonte
con la palabra vencida y la mente dormida,
viendo cómo el espíritu de la memoria
se estrella con la densa materia.

Obsesión surge de una noche oscura,
acaparando todo el ser, toda inercia.
Su poder radica en la capacidad de transformación,
persistiendo más allá del esfuerzo.

Búscame en realidades diferentes
y harás que me integre,
formando parte de parajes ocultos de iniciación.

Deja caer la espada del desacuerdo,
acéptame a permanecer en ti.

GESTOS ENCAMINADOS
(Salida de emergencia)

El ave del paraíso
se eleva sobre tacones de plataforma,
inclina su ornamento hasta rozar el suelo,
saludando en noble reverencia
a la salida del metro.

Al tiempo las hormigas
beben leche del plato.

¡Que suene la música!
Mañana de otoño,
donde el alba abarca todo
en fugaz aliento melancólico.

Cualquier agujero puede ser una casa.

Hojas enmarañadas se arremolinan
consumiéndose en rincones.
Otras avanzan sin orden
a ningún punto fijo,
expeliendo suave aroma rancio de podredumbre
tras la última ráfaga.

La silueta se alarga bajo el techo naranja
enganchándose a mi espalda.
Transmutando la noche crepuscular
frente a las puertas del Ministerio,
dando paso a la crisálida.

ÍNDICE

Este libro se terminó de editar en Granada
en agosto de 2025 por

www.aliarediciones.es
info@aliarediciones.es